eビジ
新書
No.4

経済

超入門 ライフシフト

100年時代の人生&行動戦略

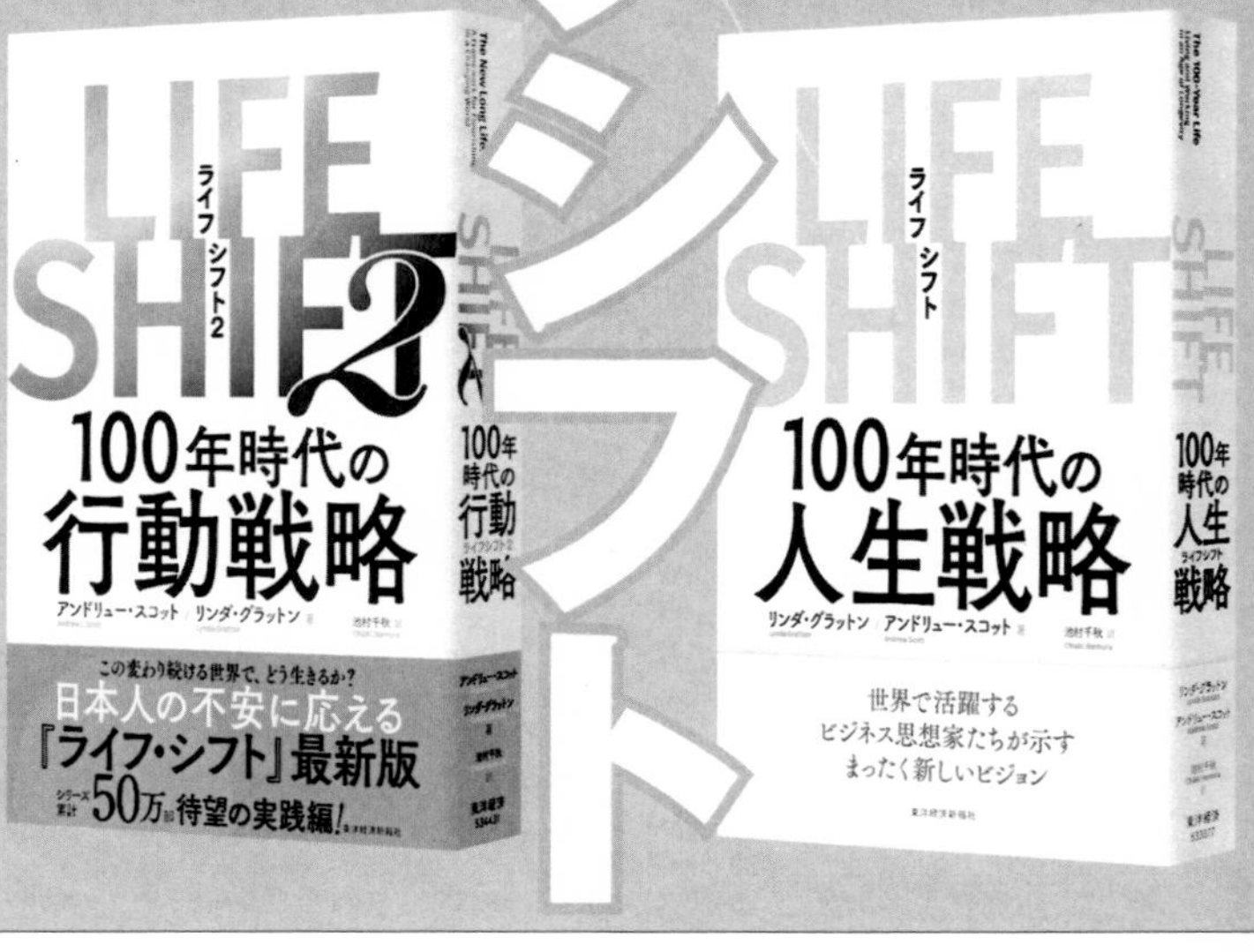

週刊東洋経済 eビジネス新書　No.410

ライフシフト超入門

本書は、東洋経済新報社刊『週刊東洋経済』２０２２年1月１５日号より抜粋、加筆修正のうえ制作しています。情報は底本編集当時のものです。（標準読了時間　９０分）

ライフシフト超入門　目次

ロールモデルがない時代

図解でわかる『ライフシフト』　大きく広がる人生の可能性

人が100年を生きるのはもはや珍しくなくなった。人生が長くなると、個人や社会にどんな変化が起きるのか。働き方や学び方はどう変わるのか。その未来像を大胆に、かつ説得力のある内容で提示したのが、『ライフシフト』の「1」と「2」だ。「1」の邦訳は2016年に刊行され、42万部を超すベストセラーに。「2」の邦訳は2021年10月に出され、こちらは14万部に達している。ここでは、そのエッセンスを紹介していこう。

人生はマルチステージ化

２１世紀を生きる私たちは、長寿化の進行により、１００年ライフを過ごすこととなる。これまでは、「教育」「仕事」「引退」という人生のステージを順に送るのが当たり前だったが、これからは3つのステージが時に入れ替わり、仕事も途中で変わるのが一般的になると、本書は指摘する。

従来は、同世代が同じ教育を受け、２０代前半で教育のステージを終え、６０歳前後まで働き、その後は引退生活を送っていた。ところがマルチステージの人生では、４０歳で教育のステージに立つ人もいるだろうし、５０代で新たな仕事に就く人もいるかもしれない。

マルチステージを生き抜くためにお金や土地といった有形資産はもちろん大事だが、それだけでなく3つに分類できる「無形資産」が極めて重要になると本書は述べている。

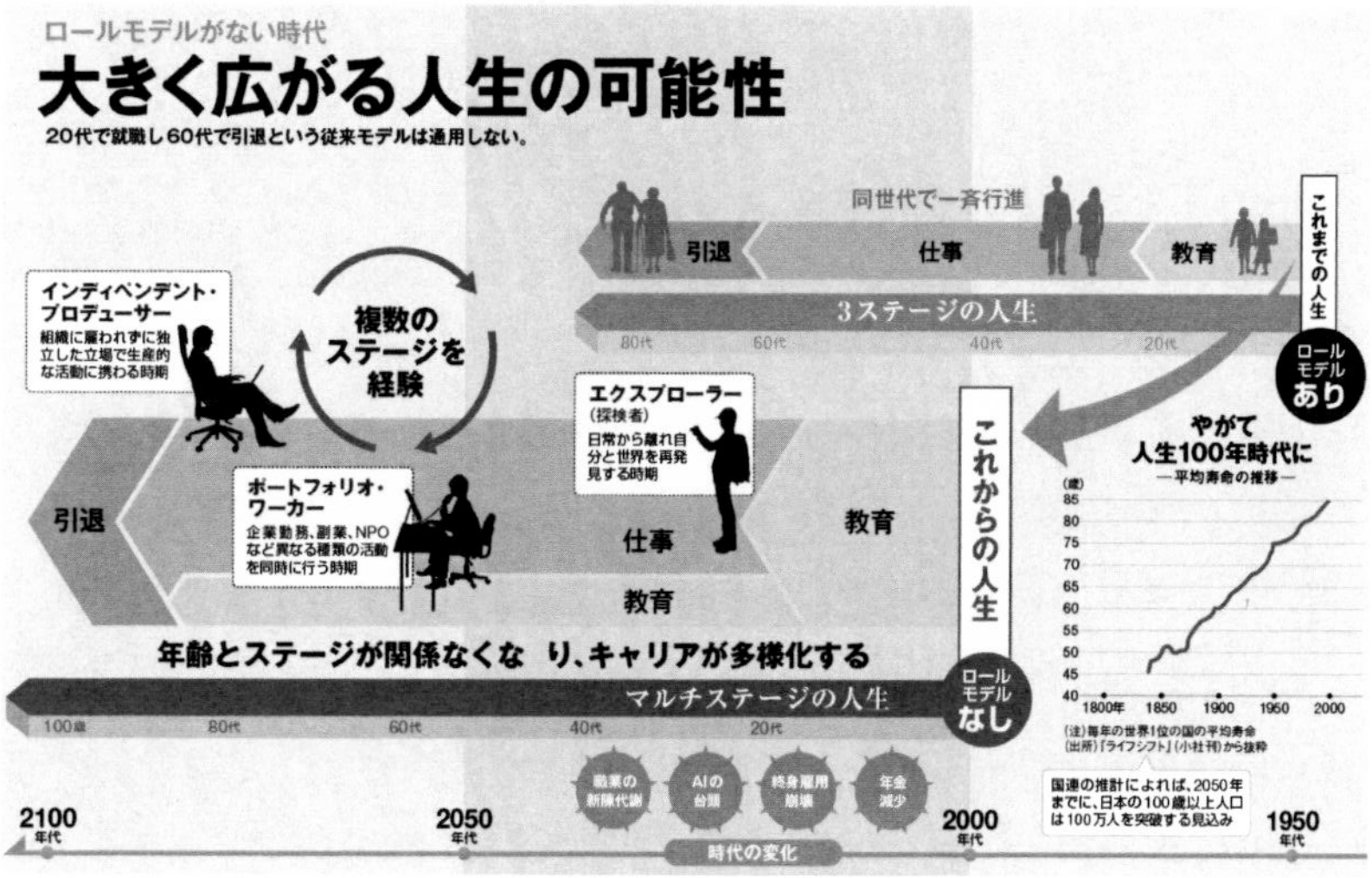
ロールモデルがない時代
大きく広がる人生の可能性
20代で就職し60代で引退という従来モデルは通用しない。
同世代で一斉行進
引退
仕事
教育
3ステージの人生
80代
60代
40代
20代
これまでの人生
ロールモデルあり
やがて人生100年時代に
—平均寿命の推移—
(歳)
85
80
75
70
65
60
55
50
45
40
1800年
1850
1900
1950
2000
(注)毎年の世界1位の国の平均寿命
(出所)「ライフシフト」(小社刊)から抜粋
国連の推計によれば、2050年までに、日本の100歳以上人口は100万人を突破する見込み
これからの人生
ロールモデルなし
インディペンデント・プロデューサー
組織に雇われずに独立した立場で生産的な活動に携わる時期
複数のステージを経験
ポートフォリオ・ワーカー
企業勤務、副業、NPOなど異なる種類の活動を同時に行う時期
エクスプローラー
(探検者)
日常から離れ自分と世界を再発見する時期
引退
仕事
教育
教育
年齢とステージが関係なくなり、キャリアが多様化する
マルチステージの人生
100歳
80代
60代
40代
20代
職業の新陳代謝
AIの台頭
終身雇用崩壊
年金減少
2100年代
2050年代
2000年代
1950年代
時代の変化

その3つの無形資産とは、

【生産性資産】収入を得るためのスキルと知識、仕事の仲間や評判

【活力資産】バランスの取れた生活、家族・友人との良好な関係、肉体的・精神的な健康

【変身資産】社会の変化に対応し、新しいステージへの移行を成功させる意思と能力である。

そして人生の選択肢が多様化し、以下のような3つのステージを経験するようになると指摘する。

【エクスプローラー】（探検者）：日常の生活から離れて世界を探査し、自己を再発見する時期

【インディペンデント・プロデューサー】（独立生産者）：自分の職を生み出す人で、組織に雇われるのではなく独立の立場で生産的な活動に携わる時期

【ポートフォリオ・ワーカー】異なる種類の活動を同時に行う時期である。

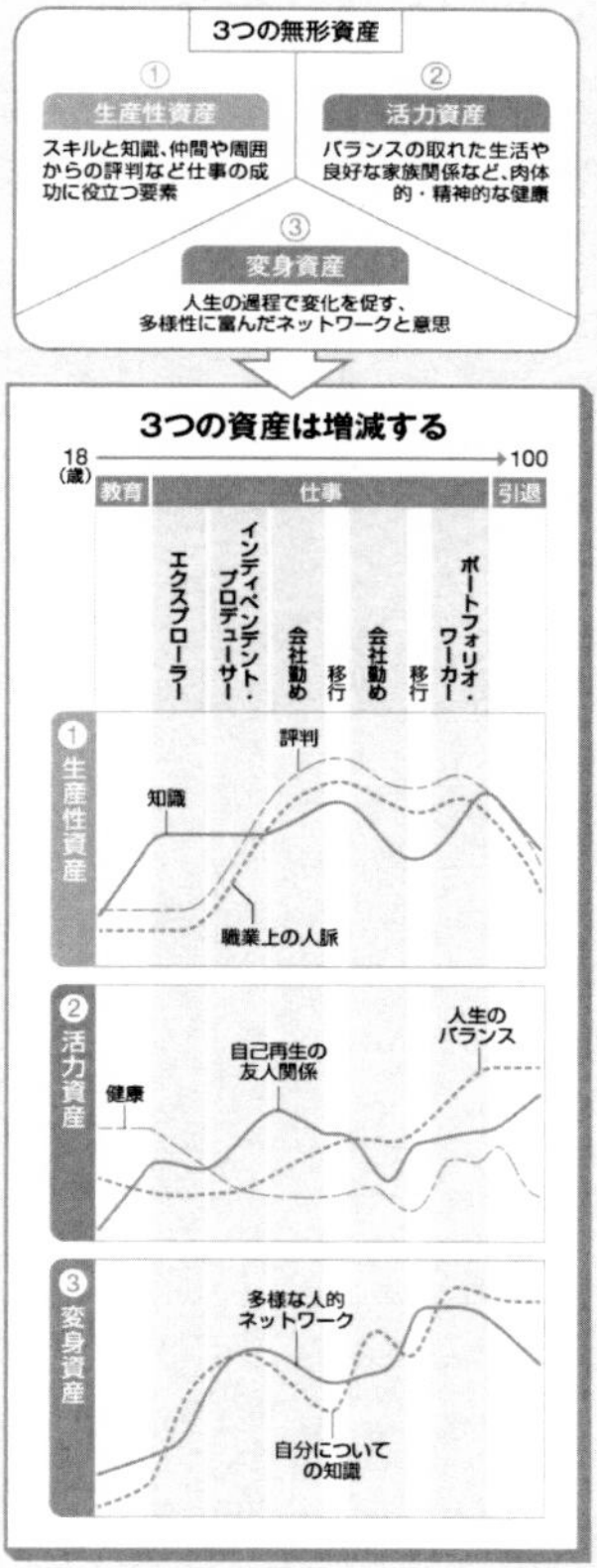
3つの無形資産
①
生産性資産
スキルと知識、仲間や周囲からの評判など仕事の成功に役立つ要素
②
活力資産
バランスの取れた生活や良好な家族関係など、肉体的・精神的な健康
③
変身資産
人生の過程で変化を促す、多様性に富んだネットワークと意思
3つの資産は増減する
18
（歳）
100
教育
仕事
引退
エクスプローラー
インディペンデント・プロデューサー
会社勤め
移行
会社勤め
移行
ポートフォリオ・ワーカー
①生産性資産
評判
知識
職業上の人脈
②活力資産
人生のバランス
自己再生の友人関係
健康
③変身資産
多様な人的ネットワーク
自分についての知識

これからは年齢とステージは関係がなくなり、30代でインディペンデント・プロデューサーの時期を過ごし、40代でエクスプローラーとして自己を見つめ直すこともありうると予測する。

本書の「2」では日本を含む世界各国の7人を通して、人生100年時代の生き方を具体的に描き出す。

例えば金沢市に住む20代のカップル、ヒロキとマドカ。ヒロキの父親は1つの会社でサラリーマン人生を終えた。だが、AI（人工知能）といったテクノロジーが進歩する今後、父のように1つの会社やスキルだけで職業人生を乗り越えられはしないとヒロキは感じている。どこかの会社に就職しても、引退まで会社が存在し続けるとも思っていない。専業主婦の母親の世代とは違い、パートナーのマドカにも自らのキャリアを追求してほしいと願っている。

また、ギグワーカーとして働くインドのラディカは、フリーランスとして世界中の企業から仕事を受注し、出来高払いで報酬を受け取っている。しかし、次の仕事を受注できるかという不安がつねに付きまとい、自らの能力開発やキャリア構築に悩んでいる。米国のトラック運転手トムは自動運転で仕事が奪われるとの不安を抱き、豪州の会計士インは会計業務の自動化で失業、次のキャリアに向けた模索と行動を本書の中で繰り返す。

仕事や教育、子育て、新しいキャリアへの移行など、マルチステージの人生に試行錯誤する7人の具体的なストーリーを通じて、ライフシフトを追体験できる。

社会もライフシフト化を

さらに「2」では、個人に加えて社会がどう変わるべきかをも論じる。具体的には企業や教育機関、政府だ。来るべき超長寿社会に向け、個人のみが備えても限界がある。働き方や制度、構造を社会全体で変えていく必要がある。

企業には入社年齢の多様化や退職の仕組みの柔軟性を、教育機関には大人の学習支援や誰もが学べる仕組みの構築を、政府には健康的に年齢を重ねられる制度やシルバーマネーを生かす「長寿経済」の構築を求めている。70代や80代まで働く例も増えていく。そのために、「教育」「仕事」「引退」の直線的な3ステージを前提にした仕組みからの脱却が不可欠になる。

（長谷川　隆、林　哲矢）

ライフシフトを可能にするための企業、教育機関、政府の課題とは?

企業

- 入社年齢の多様化
- 退職の仕組みを柔軟に設計
- 子育て社員が減給となるような仕組みを改める
- 男性の子育てを支援
- 介護者を支援
- 社員の学びを支援
- 年齢差別をなくす

教育機関

- 学び方と発見の仕方を身に付けさせる
- STEM(科学、テクノロジー、エンジニアリング、数学)だけでは十分ではない
- 大人の学習を支援する。大人のニーズをくみ取る
- 年齢による区別をなくす
- 誰もが学べる仕組みをつくる
- テクノロジーを活用する

政府

- 「職」ではなく、「人」を守る政策
- 不平等を生み出させない
- 「劣悪な雇用」から人々を守る
- 悪い経済的結果を防ぐ
- 人々の健康面への配慮
- GDPだけにとらわれない思考
- 健康的に年齢を重ねることを後押し
- シルバーマネーを生かす「長寿経済」を築く

「労働力減少で低成長は避けられず、長寿時代の新しい経済モデルを探れ」

英ロンドン・ビジネススクール経済学教授　アンドリュー・スコット

経済学の視点から長寿社会の課題を分析し『ライフシフト』を書いた、英ロンドン・ビジネススクール経済学教授のアンドリュー・スコット氏。人生100年時代に経済はどのように変容していくのか。同氏は、「長寿経済」ではGDP（国内総生産）に代わり「健康寿命」が、国や社会の豊かさを測る新たな指標の1つになると指摘する。

【発言の要点】

・より長く働けるよう制度の整備を

・シルバーエコノミーが成長の起爆剤
・健康寿命がＧＤＰと並ぶ重要指標に

――人生100年時代に向け、経済、社会はどのように変わるべきでしょうか。

経済成長は主に労働力もしくは労働生産性によってもたらされる。働く人の数が減れば、成長率は下がる。日本は人口減少に直面しているため、今後も労働力が減るだろう。

労働力の減少を補う解決策の1つとして、移民の受け入れがある。しかし、多くの国が移民との融合に困難を抱えている。そうなると、高齢者により長く働いてもらうことで労働力を確保し、成長を得る方法しかない。

私たちがより長く生き、より長く健康でいられるなら、より長く生産性を上げられるはずだ。そうすることが長寿社会において経済を成長に導く方法でもある。

ただし、注意しなければいけないのは、単純に長く働けばよいということではない点だ。社会人教育、休職、柔軟な働き方、イノベーションなど、経済の成長にとって有益な構造転換も同時に必要だ。

また、長く働けるような社会にするべく、啓蒙活動も大切だ。今60代や70代の人たちがより長く働けるようにするのに加え、30~50代といった高齢者予備軍も、60~70代になったときに健康で働けるよう支援しなければならない。

長寿化の主役は若い世代

長寿社会を考えるうえで最も重要な点の1つは、高齢者ではなく若い世代だということだ。若い世代もいつか老いる。

日本の場合、若い世代はこれまでで最も健康的な高齢者世代になるだろう。結局のところ、最も長生きするのは若い世代であり、長寿という現象は高齢者よりも若い人のほうに恩恵をもたらす。

今後はイノベーションを通じて、進化したAIやロボティクスが登場し、より生産性を高めることができるようになるはずだ。つまり長寿社会は高い経済成長をもたらすことが可能だといえる。

一方、(長く働けるような制度を備えない) 高齢化社会は低成長の道しかない。長寿社会と高齢化社会の違いはより大きくなるだろう。

長寿社会への移行には、個人や企業に加え、政府の役割も大切だ。例えば学び直しの制度の整備などが挙げられる。ほかにも年齢差別廃止への取り組みが重要となってくる。

――長寿社会において働く高齢者が増えれば、新たな市場も生まれそうです。

長寿化が進む今後、経済を加速させる方法が2つある。

1つは先に挙げた働き方だ。多くの人々が労働市場に参加するようにし、また長い期間、生産的に働けるようにすることだ。若い人を含め、すべての人が上手に老いられるよう、経済の仕組みを整えることだ。

2つ目はシルバーエコノミーだ。シルバーエコノミーとは、高齢者が望むサービスや商品を開発し、提供する経済を指す。

例えば日本では、赤ちゃん用おむつよりも大人用おむつのほうが売れている。このような長寿化による新しい市場は、エバーグリーン（常緑）ともいえる。今後さらに長寿化が進めば、健康や食にまつわる製品の市場の拡大が見込まれる。

すでに私たちは将来のために今の健康を気遣い投資している。シルバーエコノミーは、驚くような経済成長の種を秘めている。高齢化は日本だけの問題ではない。世界各国で高齢化が進んでいる。だから企業は高齢化という機会を活用し、長寿化に対応した製品を開発することで経済を成長させられる。

――「2」の中で、長寿時代におけるGDPの限界と、GDPに代わる新たな指標の必要性を説いています。

長寿経済においては、経済状況を測る唯一の指標であるGDPの役割も見直す必要がある。

GDPは私たちが何を生産したかを示す尺度で、GDPが多ければ、健康な生活を支えるための資源や所得が得られる。そのため、GDPは重要な指標でなければならない。だが、今後の人生100年社会において、最も重要な指標であるわけではない。

カギはGDPよりも健康

私たちは今、健康的に年を重ねるという新たな課題を抱えている。今回の新型コロナウイルス禍で経験したように、私たちはGDPよりも健康に価値を置いている。コロナ禍で見たように、政府は命を守るためにGDPを下げることを決めた。

今後はGDPと並んで、「健康寿命」も国の重要な指標になると考えている。健康で生産的な生活を送れるようにすることが、今後の新しい社会の課題になるなら、健康寿命がその指標となるはずだからだ。健康寿命のような、よりよい長寿人生を送れるかといった指標をより重視することになるだろう。

働くのをやめ、経済活動に参加しない高齢者が増えれば増えるほど、その国の健康寿命は短くなる。そうなると、その国の状況を測るうえで健康寿命という指標はより重要となってくる。政府が今後目標とする指標として、GDP成長もさることながら、健康寿命も加わることになるだろう。

（聞き手・林　哲矢）

アンドリュー・スコット（Andrew J Scott）

米スタンフォード大学ロンジェビティ（長寿）センター・コンサルティング・スカラーも兼務。英国予算責任局のアドバイザリーボードと英国内閣府の栄誉委員会のメンバーも務める。

『ライフシフト』をこう生かせ①

「無形資産」の見える化を

ウォンテッドリー社長・仲　暁子

『ライフシフト2』でとくに注目したのは、第2部で出てくる「物語、探索、関係」というキーワードだ。

「自分の人生のストーリーを紡ぐ」という副題の「物語」の章では、キャリア構築のヒントが得られる。今の日本は会社任せではなく、自分でキャリアを構築する方向へと変わりつつある。徐々に米国の雇用環境へと近づいている。

「学習と移行に取り組む」という副題の「探索」の章で印象的なのは、豪州の会計士の話だ。仕事の自動化により解雇された結果、新たな可能性を模索しようとキャリアチェンジに動き出す。

ビジネスSNSを運営し、多くのビジネスパーソンの転職やキャリアシフトを支援してきた経験からいえるのは、「探索」で大切なのはさまざまな可能性をカジュアルに探ること。例えば副業でスキルを試してみたり、興味のある職場を訪問してみたり。また、学び続け、スキルや視野を広げようとする姿勢も大切だ。

「深い結びつきをつくり出す」という副題の「関係」の章では、つながりについて考えさせられた。人脈や評判はまさに『ライフシフト』が説く無形資産だ。

終身雇用では仕事の評価が社内で共有されていた。だが終身雇用が崩壊しつつある今、スキルや仕事の評判を見える化し、社外の人にも理解してもらう必要がある。そのためには、自分のスキルや評判、ポートフォリオ（仕事での作品など）を棚卸しし、ためていけるようなインフラが求められる。個人の「無形資産」をため、見える化するインフラだ。その役割をウォンテッドリーが果たしたい。

ポートフォリオは小さなことでもいい。例えばある組織や会社で講演した、どこかの媒体に執筆したでもいい。「こういった取り組みをしました」と発表することが、次のチャンスにつながるからだ。

コロナ禍をきっかけとしたリモートワークの広がりは、ライフシフトをますます後押しするだろう。多様な働き方が定着し、職も人生もさらに流動的になる。とくにフットワークの軽い20~30代は、ますますさまざまな生き方を模索するようになるだろう。

ただし、全員にライフシフトのような生き方が必要なわけではない。全員がライフシフト化し競争にさらされると、失業といった構造的な問題が生まれ、社会の安定が失われる。弱者にとってはとくに住みにくい世の中だ。マイナス面に対処するためにも、保障とセットで議論しなければいけない。

長期的な視点で見ると、AIやロボットの普及、発展により労働観も変わるのではないだろうか。奴隷階級が労働を担った古代ギリシャ・ローマ時代のように、AIやロボットに労働を任せられるようになれば、人間はもっと自由になれる。

その結果、仕事は「お金のため」にすることではなく、自らの意欲に基づいた「趣味」に近いものになる。『ライフシフト2』にある「デジタル・アテネ時代」には、余暇で仕事をするという「仕事のラグジュアリー化」が進むのではないだろうか。

（構成・林　哲矢）

仲　暁子（なか・あきこ）

1984年生まれ。京都大学経済学部卒業後、ゴールドマン・サックス証券に入社。退職後、Facebook Japanに初期メンバーとして参画。2010年フューエル（現ウォンテッドリー）設立、17年上場。

『ライフシフト』をこう生かせ②

「再登山」を考える契機に

立教大学教授・中原　淳

「人生100年時代」には、健康で働いていられる寿命が80年近くになり、仕事人生がこれまでとは比較にならないくらい長くなる。仕事人生の長期化は、必然的に「学びに満ちた人生」を要求してくるだろう。変化の激しい時代、20代前半までの学びだけで成果を出せるはずがない。『ライフシフト』の「1」と「2」は、新しい時代像を鮮やかに切り取った。

長い人生にはお金ではなく（もちろんお金も大事である）、人としての無形資産（生産性資産、活力資産、変身資産）が大切である、と指摘している。まったく同感である。「2」では世界各国の人物を登場させ、この課題が人種や国に関係なく、共通であることを浮き彫りにした。

私の専門は人材開発や組織開発だが、長い仕事人生をめぐる研究が重要になってきた。これまでの人材開発では若手社員の教育やリーダーシップの育成が主要なテーマだった。キャリアを伸ばしていく研究という点で「登山」の研究といってよいだろう。ところが最近では、ピークに達した自分のキャリアを横目でにらみつつ、仕事人生を全うできるよう、いったん「下山」、あるいは再び山に向かう「再登山」をするケースが出てきた。役割を交代したり責任者を降りたり、あるいは仕事を変えたりすることが下山で、これまでとは違う仕事や役割で働き始めるのが再登山。もはや1つの山を登り切ればよいという時代ではなくなりつつある。

だが多くの人にとって、下山や再登山は容易ではない。下山途中で方向感を失い遭難したり、再登山に躊躇してその場で身動きできなくなったりする。雇う側の企業もその課題に直面している。どんな挑戦や経験を積んで、どのような能力を高めたらよいのか。人材開発の研究テーマになる。

組織心理学では、成長を続ける組織には豊かな「心理的資本」があることがわかってきた。そこで働く人々は、「HERO」と略称される4つの特徴的なメンタリティーを持っている。すなわち、①Hope（希望）＝先行き不透明でも見通しは明るいと思える心、②Efficacy（自己効力感）＝自分ならできると思える自信、③Resilience（復元力）＝逆境に負けない精神力、④Optimism（楽観性）＝何とかなると思う前向きさ、である。

キャリアの下山や再登山においてもこうした「心理的資本」が重要なポイントになるが、『ライフシフト』で示されている無形資産と共通するものがある。

新たな仕事や人生を充実させるには、HEROのメンタリティーを維持しつつ、学び続ける姿勢が不可欠になる。

キャリアの中で、ある分野での成功体験があると、人はそれに固執しがちになる。しかし事業環境や、個人に必要なスキル・知識は、つねに変化をしていく。その変化に応じて、新たなスキルや知識を学び直せるか。さらには学び直しをもとに自分を変身させせる（＝立て直す）ことができるかが、下山途中で遭難するかしないかのカギを握る。

自ら主体的に学ぶのと、「このままでは生存できなくなる」との不安から学ぶのとでは、学びの質が違ってくる。他者から強制された学びは苦痛や負担が大きく、効果も低いはず。できるならば自ら学び直しを選んだほうがよい。

２０代の学生たちには、「ホワイトカラーで働き続けようとするならば、大学に戻って学習し直す時代がすぐにやってくる」と言っている。スキルや知識はすぐに陳腐化するし、新たな学びを得ようとすれば大学院に入るかもしれない。人生１００年時代には、変化し続けなければ実りある人生を送れないだろう。

（構成・長谷川　隆）

中原　淳（なかはら・じゅん）

１９７５年生まれ。東京大学准教授を経て立教大学経営学部教授。『働く大人のための「学び」の教科書』『働くみんなの必修講義　転職学　人生が豊かになる科学的なキャリア行動とは』など著書多数。

「新しいステージへ行くとき、誰にもどん底がある」

弁護士・菊間千乃

〔アナウンサー ↓ 弁護士〕

司法試験に挑戦するためにロースクールに入学したのは32歳のとき。アナウンサーの仕事が最も充実していた時期でした。

仕事が順調なときほど、「この状態が長く続くはずはない。今のうちから、次の一手を打たなければ」と考えるタイプです。とくに女性アナウンサーは、入れ替わりが激しい世界。今後も生き残っていくには、何か武器を持つ必要があると考えました。それが私にとっては弁護士資格でした。法律の知識を備えていれば、報道番組や情報番組に携わる際に、ほかのアナウンサーとは違う存在価値を発揮できるのではと考えたのです。

ただ、働きながらロースクールに通い、現場で弁護士として活躍する実務家教員の方々と接するうちに、弁護士の仕事そのものに強い魅力を感じるようになりました。そこでロースクール3年時にフジテレビを退社し、勉強に専念することにしました。2度目の受験で合格し、目標を実現できました。

今振り返ると、いちばん苦しかったのは1度目の司法試験に落ちたときです。当時、受験は3回までという制限があったため、強い焦燥感に襲われました。とくに思い出すのがテレビで流れたチーズのCMです。カップルがワイン片手にチーズを食べるという何げない日常を描いた映像でした。「こんな平穏な日常が再び訪れることはあるのだろうか」と、受験勉強に追われる日々の中、社会から取り残されているような焦りを感じました。

その頃、勉強の合間に見ていたのがNHKの『プロフェッショナル 仕事の流儀』です。逆境を乗り越え、挫折からはい上がっていく人たちの姿を見ながら、「新しいステージに行くときには、誰にもどん底の時期があるんだ。私だけではない」と、本当に励まされました。

弁護士になってから、ちょうど10年が経ちました。「この仕事を選んでよかった」と心から思います。泣きながら勉強をしていた30代の自分に感謝です。

2019年には早稲田大学大学院法学研究科を修了、知的財産法について学びました。今の事務所は、企業法務を中心に刑事事件まで幅広く扱っています。弁護士として多様な経験が積める一方で、専門性を確立しにくいという悩みがありました。そこで知財に興味があったので、大学院で学ぶことで自分の中に軸を1本つくろうと思ったのです。最近ではハラスメントやコンプライアンス、ガバナンスに関する相談も増えています。これらの分野も軸にするべく、勉強を続けています。

事務所のボスである松尾翼代表は93歳で、弁護士として現役で活躍しています。私の目標もボスの年齢まで働き続けること。「もう年だから」という年齢の呪縛から解き放たれるべきです。今後も「次はどんな挑戦をして、どう花を開かせようか」ということをいつも考えながら、年を重ねていきたいと考えています。

（構成・ライター　長谷川　敦）

菊間千乃（きくま・ゆきの）
1972年生まれ。早稲田大学法学部卒業後、アナウンサー職でフジテレビ入社。大宮法科大学院大学修了後、2010年司法試験に合格。11年弁護士登録。19年早大大学院法学研究科・先端法学専攻修了。著書に『私が弁護士になるまで』。

「人生は起承転々。鉱脈は既知の分野にこそある」

作家・童門冬二

〔都庁幹部 → 作家〕

現在、94歳ですが、月刊誌などに連載を10本抱え、400字詰めの原稿用紙に換算すると毎月100枚ほど書いています。コロナ禍で会場に出向くことはありませんが、講演はリモートで月5回ほどあります。足腰こそ弱まりましたが大病もなく、80代のときと比べて仕事量はあまり変わっていませんね。2日に1度はお肉を食べています。

生活信条ですか？ 自分の造語である「起承転々」です。「転」は単に転がるというのではなく、最期まで緊張して生き抜くという意味です。自分の人生はいまも未完成で、学ぶことがまだまだある。「転々」としながら新しいことに挑戦するくらいでないと、と思っています。「終活」なんてものはまったく必要がありません。

若いときから文学青年で都庁時代も作品を発表してきました。51歳で退職し、56歳のときに出した『小説 上杉鷹山』がベストセラーに。この作品が大きな転機になって、歴史小説家として皆さんに知ってもらえるようになりました。とくに力を注いできたのが、歴史の中で埋もれていた人物に光を当てその事績を掘り起こしたり、従前の解釈とは別の角度から人物を描くことです。

鷹山を書いたのは40年近く前ですが、研究すればするほど違った側面が見えてきた。彼には日向（宮崎県）の高鍋藩主をしていた兄がいるのですが、藩政改革などでその兄から影響を受けたことがわかってきた。いま鷹山を取り上げるとしたら、周囲の人々に目配りしながら書くでしょう。こうしたことがあるから、知る楽しみは尽きないですね。

学びは人生に果実をもたらす種でしょう。転々の人生が始まる50代は、再学習の基点となる重要な年代です。気をつけなければいけないのは、学びの素材をまったく別のことに求めてしまうこと。人は、これまで登ったことのない山に鉱脈を探しがちなのです。しかし50歳を過ぎたら、それはやめたほうがいい。学びの種は未知ではなく、既知の分野で探したほうがいいというのが持論です。つまり、鉱脈は自分の過去の中に見いだすべきです。

「人は誰もが、その年齢まで書かれた1冊の本である」と考えています。人は、その年齢まで生きてきただけで、1冊の本をすでに書いているようなものです。その本の中には、読み返すに値する箇所が必ず1つはあるはずです。自分にとって価値のある1行なり1ページなりを見つけたら、それを学びの素材にすればいい。

仕事や生活の中で経験したことや考えてきたことの中に、未来への活路を開く鉱脈が潜んでいます。逆の言い方をすれば、50歳までは仕込みの時期かもしれません。自分という樽の中にさまざまな素材や栄養をため込んで、発酵させる時期。その発酵があれば、何を始めるにも「遅すぎる」ことはありません。誰もが転々の人生を歩めばいいのです。

（構成・長谷川　隆）

童門冬二（どうもん・ふゆじ）

1927年東京生まれ。旧制中学卒。都庁で広報室長、政策室長などを歴任。79年に退職して作家に。「歴史に見る組織と人間」をテーマに話題作を発表してきた。代表作に『小説 上杉鷹山』『50歳からの勉強法』など。

「変わり続ける」実践者たち

『ライフシフト』からの学びを実践する5人をルポ。

技術理事から情報理工学系研究科博士課程に入学

楽天で技術理事をしていた吉岡弘隆氏（63）は2018年9月に60歳で定年退職し、同じ月に東京大学大学院情報理工学系研究科博士課程に入学した。

業務で長年携わってきたデータベースの研究に取り組んでいる。

「めちゃくちゃ楽しいけど、めちゃくちゃ大変。日々新しいことに遭遇しては七転八倒しています」

気づいたのが研究スキルの不足だ。論文を読んでゼミで発表しても、きちんと理解できていないから質問に答えられない。

「今も必死に訓練中。登れば登るほど山が高くなるんです」

慶応大学大学院修士課程を修了し、米国系のコンピューターベンダー、日本DEC研究開発センターに就職した。10年ほど在籍し、米国製データベースの日本語化・国際化を主に担当した。希望退職制度を使って日本オラクルに転職。1995年に米シリコンバレーの開発現場に入り、時間が自由になる金曜の午後にはスタンフォード大学のデータベースの授業に通った。誰でも参加できる勉強会のような雰囲気だった。

「IBMやマイクロソフトの社員も会社の立場を背負ってではなく、自分の開発した技術のメリットや限界について語り、技術と真摯に向き合っていた。情報を共有することで前に進もうとする価値観がかっこいいと思いました」

ほかにもいくつもの勉強会に参加し、帰国すると自分でOS（基本ソフト）のリナックスの勉強会を立ち上げた。

2000年には会社が出資するベンチャーの立ち上げに参加。並行して個人で提案した経済産業省のプロジェクトの企画が採用され、東大の喜連川優教授の指導で取り組んだ。09年には経営には向いていないと思い、楽天に転職。開発部門の技術理事として社内のエンジニアリング環境を整備した。

50代になると、将来を考えてモヤモヤし始める。丸山健二『田舎暮らしに殺されない法』を読み、毎日飲んでいた酒をやめた。帰宅してからも頭がクリアなので本が読める。『カラマーゾフの兄弟』『罪と罰』などを読んだ。

「人生のごった煮が描かれていて、このモヤモヤはすべて昔の人が経験したものだと知った。『ライフシフト』には人生100年と書かれていて驚いた。60歳以降をどう生きるのか考えるきっかけになりました」

60歳の誕生日を4カ月後に控えた18年5月、知人の誘いで東大生産技術研究所のオープンキャンパスに足を運び、たまたま大学院の入試説明会に参加してパンフレットをもらった。帰宅して眺めるうちに「いいかも」と受験を決意。一般入試のうえ試験まで3カ月しかなかったが、専門科目は過去問を解き、英語はTOEFLの問題集に取り組み合格した。

論文と向き合う日々は大変だが、５０代の自分にアドバイスするなら、やはり挑戦を勧める。

「君には見えていない世界を一緒に見に行こうぜと言いたい。大学に入って学び直すことほど楽しいチャレンジはない。ともかく何かやってみる。理屈ばかりこねて昨日と同じ今日を過ごしていたら、明日も変わらないんですよね」

大学院生・吉岡弘隆（63）

【Profile】

・米国勤務の経験から勉強会を立ち上げ
・会社の仕事と並行して個人プロジェクト始動
・定年退職後、大学院博士課程に入学

本業と中小企業診断士との二足のわらじも軌道に乗ってきた

団体職員と中小企業診断士を両立させているのが三海（さんかい）泰良氏（44）だ。本業の傍ら、診断士として、経営相談、研修の講師、執筆のほかに、補助金申請の相談対応や審査業務なども行う。

「いろいろな業種に人脈ができて世界が広がりました。仕事の幅も広がって自分の成長が実感できてきています」

将来、ＡＩ技術が発展しても代替できない業務といわれている中で実績もあがり、自信もついてきた。

東京農業大学を卒業し、農業系の団体に就職。営業企画、食品工場管理、経営企画などを担当してきた。ＭＢＡと中小企業診断士が取れる中京大学大学院ビジネス・イノベーション研究科に自費で通い、２０１３年に両方の資格を取得した。

勤務先の先輩に中小企業診断士がいて、副業の禁止は明文化されていなかった。上司に相談し、人事部門からも問題ないと認められた。資格を維持するのに実務が必要なこともあり、土日と平日の朝晩に診断士の仕事を始めた。

15年には経済産業省「始動 Next Innovator」プログラムの1期生になり、大企業の新規事業担当者、起業家らと勉強会に参加した。翌年には勤務先のグループ内に診断士会を設立して会長となる。

同じ年に読んだのが『ライフシフト』だ。大学院に通っていたとき、やはり自費で来ていた経産省職員の友人が、「自分の仕事がこのまま続くのか、数年置きに見直している」と言っていた。その言葉が頭に残っていた。

「漠然と考えていたことが、この本で言語化・体系化されていて、追認を得たような感覚でした。長い人生をどう生き抜くかという長期的視点、学び直しの重要性に共感し、手元に置いています。自身のバージョンアップに目覚め、毎年大学の単科講座を受けたり、新たな資格を取ったりしています」

積極的なタイプだが、一昨年、その友人が亡くなったときには、いったん立ち止まってしまったという。

『ライフシフト2』では、「よい人生とは」の問いかけが心に響いた。「幸福とは愛である」と書かれている。

「コロナの影響もあって仕事漬けだったので、今は家族との時間を大事にして、地域の活動にも取り組みたいと思いました」

将来は今14歳の子供が大学を卒業する頃に、少しシフトチェンジができたらと考えている。農業も有力候補だ。

「日本では組織に属していたほうが社会保障で有利だし、情報も入手しやすい。副業が認められる社会になってきたので、無理に組織を辞めなくてもいいかもしれません。ライフシフトの選択の幅が広がっても、人生をどうするかという大きな課題は変わりません」

団体職員・三海泰良（44）

【Profile】

・団体に勤務しながら社会人大学院を修了
・中小企業診断士の仕事を副業として開始
・研修講師、雑誌連載など仕事の幅を広げる

年間100冊以上　手帳などに本の採点や読後感を記入

諸見里航（もろみさとこう）氏（30）は年間100冊以上の本を読み、手帳とフェイスブックに感想を記録している。

「10年後に振り返ったとき、自分がどんなことを考えていたのかを知るために読書記録をつけています。その時々で感じ方が変わる本が名著だと思うので」

1人で読むだけではなく、1年に20回ほど読書会に参加する。社会人2年目に人とつながろうと手当たり次第に顔を出したのがきっかけだ。それまではビジネス書を読んでいたが、読書会で北村薫の小説に出合ったことで小説の面白さを知り、ミヒャエル・エンデ『モモ』などの児童文学も読むようになった。みんなで議論するのも楽しい。

『ライフシフト』からはいくつもの学びがあった。

「年齢に対する固定観念を変える、高齢者の定義を78歳以上にするなど、常識のリセットが大切というメッセージが印象的でした。最初に読んだときは人生100年時代が来るのか、と思いましたが、3年経った今は100年時代がリアルになってきたのを感じます」

AIに関心があるので、新しいテクノロジーとの付き合い方、人間が機械に取って代わられる中で自分の存在意義は何か、価値をどう創出するかを考える機会にもなった。読みながら、過去に読んだ本が何冊もよみがえった。重なる部分、共鳴する部分があったという。

埼玉県立大学保健医療福祉学部を卒業し、資格スクールの運営、発達障害がある子供のサポートの仕事を経て、医療機関向けコンサルティング業の会社に転職した。休日には日本サッカー協会2級審判員として審判をしている。2級審判員は全国で約3600人しかおらず、関東をカバーする地域サッカー協会の主催試合で審判ができる難関の資格だ。

「人生という大きな枠の中に、仕事、読書、サッカーの審判がある。やりがいのある仕事をするのか、仕事は仕事と割り切って趣味で頑張るのか迷った時期もありましたが、最終的に自由な人生だったなと思って死にたいんです」

その自由とは何か、何のために自由になるのかを考えるうえでも、この本が参考になった。

「楽しいと思える仕事をして、自分という看板1つで生きていけるようになりたい。そのために今まで以上に本を読み、行政書士の資格を取るなど、新しいことにチャレンジしたいと思っています」


医療機関向けコンサルタント・諸見里　航（30）

【Profile】
・仕事、読書、趣味（サッカー）のバランスを重視
・読書会活動で学びを継続
・仕事は自分の関心と専門性を意識し現在3社目

デンマーク留学で日本とは違う社会に接した

不動産会社やインテリア系の仕事を経て、国会議員秘書になった小俣美幸氏は、30歳を過ぎた頃からジェンダーギャップを意識するようになった。

「政治の世界には古い体質が残っていて、男性がメインで女性はサブ。結婚はどうするのかといった話も日常的に出てきて、生きづらさを感じていました」

女性の国会議員比率は1割台にとどまり、意思決定に女性の声が反映されていないと感じていた。

視野を広げようと『夜と霧』のような硬い本や、自己啓発本、ビジネス書など、あらゆるジャンルの本を読んだ。その中の1冊が『ライフシフト』だった。

「男女の役割の話もあり、柔軟性のある生き方が提唱されていて勇気づけられました。読む前とは価値観や考え方が変わりました」

秘書の仕事を辞め、女性の支援、子供の学習支援をする団体でボランティアをしたり、スウェーデンへのスタディーツアーに参加したりした。情報収集をする中で、北欧各地にある「フォルケホイスコーレ」という教育機関を知る。

学生や社会人が視野を広げるための学校で、北欧諸国の社会制度、環境問題、アート、語学など、好きな科目を選んで受講できる。その中の1つ、デンマーク郊外にある学校に2020年1月から半年の予定で留学した。約100人の学生は、デンマーク、日本、韓国、ベルギーを中心に英国、フランス、中国などから集まっていた。

日本社会との違いも実感した。「教育も社会システムも日本とは全然違うのが印象的でした。先生が大勢の生徒に一方的に教えるのではなく、個人にフォーカスしている。男性も家事や育児をするし、シングルマザーも経済的な不安がなく子育てができるんです」

日本では国の制度も企業も変わらないと、個人が生きたいように生きられないと感じている。

「新しい価値観や考え方を広めたいので、デジタルマーケティングに興味を持っています。デンマークの学校でアートの授業がすごく楽しかったので、クリエーティブな活動もしていきたい」

現在は、デザインの学校に通いつつ、次の一歩を模索しているところだ。

元国会議員秘書・小俣美幸

【Profile】

・議員秘書を辞め、デンマークに留学
・読書や留学を通じ、自由な発想・生き方を模索
・『ライフシフト』は人生を見つめ直すきっかけに

双極性障害であったことも隠さず前向きに学び続ける

大手エネルギー関連企業に勤務する八谷（はちや）俊雄氏（55）は、学び、仕事、プロボノ（経験やスキルを生かした社会貢献活動）の3つをバランスよく取り入れている。1990年に北海道大学法学部を卒業した。

「30代半ばまでは楽しければいいやとキャリア設計は考えなかったし、ビジネススキルがついた自覚もなかった。入社15年目に札幌で新規事業のシーズ探しを担当したとき、自分にはバックグラウンドがないことに気づいたんです」

勉強しなくてはと、在職のまま小樽商科大学のMBAコースに通った。以来、現在に至るまで学びを継続している。軸となるのは大学院で出合ったピーター・ドラッカーの思想だ。東京に転勤した2007年にドラッカー学会に入り、P・F・ドラッカー読書会に毎月参加。読書会のファシリテーター養成講座も受講した。

人材育成の助けになればと、16年に福島県いわき市でドラッカーの読書会、「いわき学びカフェ」を始めた。毎月、市職員や会社員、NPO職員など数人が集まる。

19年には物事の本質を学ぶエッセンシャルマネジメントスクール（EMS）に入り、著名な経営者から学生まで、多様な人々と議論を重ねている。

「議論して深く学ぶことは、生きるための資産になる。自らを高める喜びがあり、自分が組織や社会に貢献できることを教えてくれるので、私のライフシフトには学びが欠かせません」

『ライフシフト』はドラッカーの読書会で薦められた。ドラッカーの論点のいくつかに、より深く言及した本だと考えている。

「ドラッカーが亡くなって16年。現代にも通じる部分が多いが、現代的な解釈に置き換えるべき部分もある。学び続ける大切さ、第二の人生の準備などを具現化したのがこの本であり、両者はつながっていると思います」

東日本大震災後は現地でがれきの撤去を手伝い、東北の社会起業家を応援するなど、ボランティア活動もずっと続けている。そんなポジティブな性分だが、働きすぎなどで双極性障害を発症し、1年間休職したことがある。

「これも人生を考えるきっかけになりました。私のような平凡な会社員でも、ライフシフトを考えれば生き生きと楽しい人生を送れると思います」

大手企業勤務・八谷俊雄（55）

【Profile】
・企業勤務のまま、ＭＢＡを取得
・学びを実践する活動や、ドラッカー学会に参加
・東北復興支援のため、現地でボランティア活動

（ライター・仲宇佐ゆり）

読者から寄せられた実践「私のライフシフト」

ネットを通じて約4000人からライフシフト経験を聞いた。身近な人のチャレンジ経験が集まった。

（調査は東洋経済メルマガ会員向けに2021年12月に実施。有効回答数は4225件）

・長年、企業のエンジニアとして活動してきた。知人の紹介で大学の非常勤講師を引き受け、人材育成の仕事を始めた（66歳・男性）

・40代に入ってから教員免許を取得し、臨時職員の身分で教員を経験。技術を次世代に伝えたく、また教員をやりたいと模索中（51歳・男性）

・定年前から副業で不動産投資に着手、定年前の給与水準を上回るレベルまで事業が拡大。定年後に就いた専門職のパートを辞め、賃貸不動産の専業大家に（63歳・男性）

・働きながら5年かけて社会保険労務士試験に合格後、副業として開業登録。第二の人生を充実させるべく、さらなる勉強に取り組む（48歳・女性）

・退職してから農業をやりたいと考えている。知り合いを通じて、環境に配慮した農園で、週末に手伝いをしている（50歳・男性）

・営業職から整体師に。人生で多くの時間とエネルギーを仕事に使うので、心からいいと思えることに注ぎたいと思い仕事を変えた（36歳・女性）

・36歳のときに会社が解散。新しいことにチャレンジしたいと1年間の農村ボラン

ティアに参加。それがきっかけで福井県へ移住（50歳・男性）
・システムエンジニアの仕事では、単価が安く頭脳明晰な外国人に太刀打ちできないと考え、データアナリストにキャリアチェンジ。引退後は起業を視野（51歳・男性）
・学生時代にしていたアメリカンフットボールを40歳になってから再開。シニアチームへの参加で、会社以外の人とのつながりも（47歳・男性）
・54歳で専門職大学院へ入学し、MBAを取得。学び直しのきっかけは子会社への異動。スキルを活用し、今後も仕事を続けたい（71歳・男性）
・子どもの「小1の壁」を前に、専門性を生かしてフリーランスになった。現在は常時6社ほどの企業と業務委託契約を結ぶ。自由な働き方はストレスなく快適（55歳・女性）

・地方の山間部の格安空き家物件が売りに出ていた。セカンドハウス的な気持ちで購入してみたが、自然に魅せられ東京からの移住を決断（６４歳・男性）

・新聞投稿をきっかけに、文章を書くことに興味を持ち、ライター業を始めた。場所を問わない書く仕事は、自宅での家事育児との両立もしやすい（４２歳・女性）

・勤務先が早期退職制度を開始。対象年齢であることから、応募せざるをえなくなった。社会人３０年目で初の転職をどうにか乗り越えたい（５２歳・男性）

・外食業界で約３０年間、主にメニュー開発に従事した経験を生かし、現在はフリーランスのメニュープランナーとして独立準備中（５０歳・女性）

・海外単身赴任が続き、子どもとの時間がなかったと反省。ボランティアで地域の小学生向け学習講座を手伝いながら、自分の子どもたちにできなかったことを償ってい

る（45歳・男性）

・コロナで本業での収入が減り、副業として稼げる手段を模索。FP2級とAFP資格を取得した。FP1級とCFP資格の取得を目指し、勉強中（35歳・男性）

・ゼネコンでの仕事に行き詰まりを感じ、地方自治体の経験者募集に応募してみたところ、運よく合格。何かの縁と感じて転職を決意（48歳・男性）

・電器メーカーの技術者として専門技術を磨き、53歳で退職し、技術士事務所を開設した。国内外企業の技術顧問やセミナー講師として11年目を迎える（63歳・男性）

・定年退職前の中国旅行を機に、地域の中国語サークルに参加し、中国語の勉強を始める。留学を経験するなど、それからの7年の大半を中国で過ごすようになる

（79歳・男性）

・子育て中も時間をつくり、語学の勉強を続けてきた。子育てもようやく終わったため、国際交流、通訳、翻訳、国際コーディネーターなどの活動を計画中（59歳・女性）

・専門商社の営業職だったが、専門的な知識と力を身に付けるため、教育系の大学に入り直し教育公務員になった。次は大学院に入り博士号を取得したい（61歳・男性）

・会社の異動で米国本社へ。米国人に交じって働く中で適性を考え、大学院に進学。今は再エネ事業会社の経営と並行し、ブロックチェーン関連での事業化を検討（56歳・男性）

・東京から伊豆にUターン。外資系企業管理職から地元企業の準職員として働きつつ、

家業を引き継ぐことに。地域貢献できる分野と役割を模索中（54歳・女性）

・地域への恩返しに、日曜日にちびっ子サッカーのコーチとして活動。さまざまなつながりができ、仕事以外で社会貢献できるのは楽しく張り合いがある（49歳・男性）

・会社の同僚からの紹介で、仕事を続けながら、専門学校の講師になった。今は非常勤講師として大学で教えている（59歳・女性）

・実の親が難病に。心置きなく介護するために50代で離職した。簿記、行政書士の資格を取得し、介護をしながら家業を手伝っている（60歳　女性）

キャリア形成は富士山型より八ヶ岳型

「朝礼だけの学校」校長　『60歳からの教科書』著者・藤原和博

『ライフシフト』の中で2人の著者は、人生100年時代においては、人生を「教育」→「仕事」→「引退」の3つのステージに分けて考えるモデルが崩壊、人々は一生の中で複数のキャリアを持ち、また歳を取ってからも必要に応じて何度も教育を受け直すというように、人生がマルチステージ化していくだろう、と述べている。

私もかねて、「これからは「『富士山型一山主義』の人生観から脱却し、『八ヶ岳型連峰主義』の人生観へと変更するべきだ」と、自著の中で述べてきた。八ヶ岳型連峰主義とは、富士山のような1つの大きな山を登るだけで人生を終えるのではなく、いくつもの連なった山を縦走するような生き方のことだ。つまり私もマルチステージ化を目指すべきだと考えている。

　司馬遼太郎の『坂の上の雲』は、日露戦争で大きな役割を果たした2人の軍人、秋山好古（よしふる）・真之（さねゆき）兄弟と正岡子規を主人公とした小説である。作品に登場する明治期を生きた人々の平均寿命は、50歳にも満たなかった。事実、真之は49歳で亡くなっているし、真之と大学予備門時代に学友だった夏目漱石が亡くなったのも49歳だった。彼らにとっては、40代までの間に1つの山を登り切れば、あとはまさに余生であり、一山主義でもまったく問題はなかった。

　ところが戦後、日本人の平均寿命は大きく延び、今では男性は80代前半、女性は80代後半に達した。だがいまだに多くの人が、「坂の上の雲」世代の人生観を引き継いだまま生きている。そのため50歳前後で一仕事を成し遂げた後は、人生の下り道がひたすら続く富士山型の人生になっている。

　さらに今後は、医療技術の発達などによって、平均寿命は100歳にまで延びていくだろう。富士山型一山主義のままでは、「そんなに余生ばかりが長い人生を送ってどうするの？」という話になる。これが私が八ヶ岳型連峰主義を推奨しているゆえんである。

3世代の「人生観」の違い

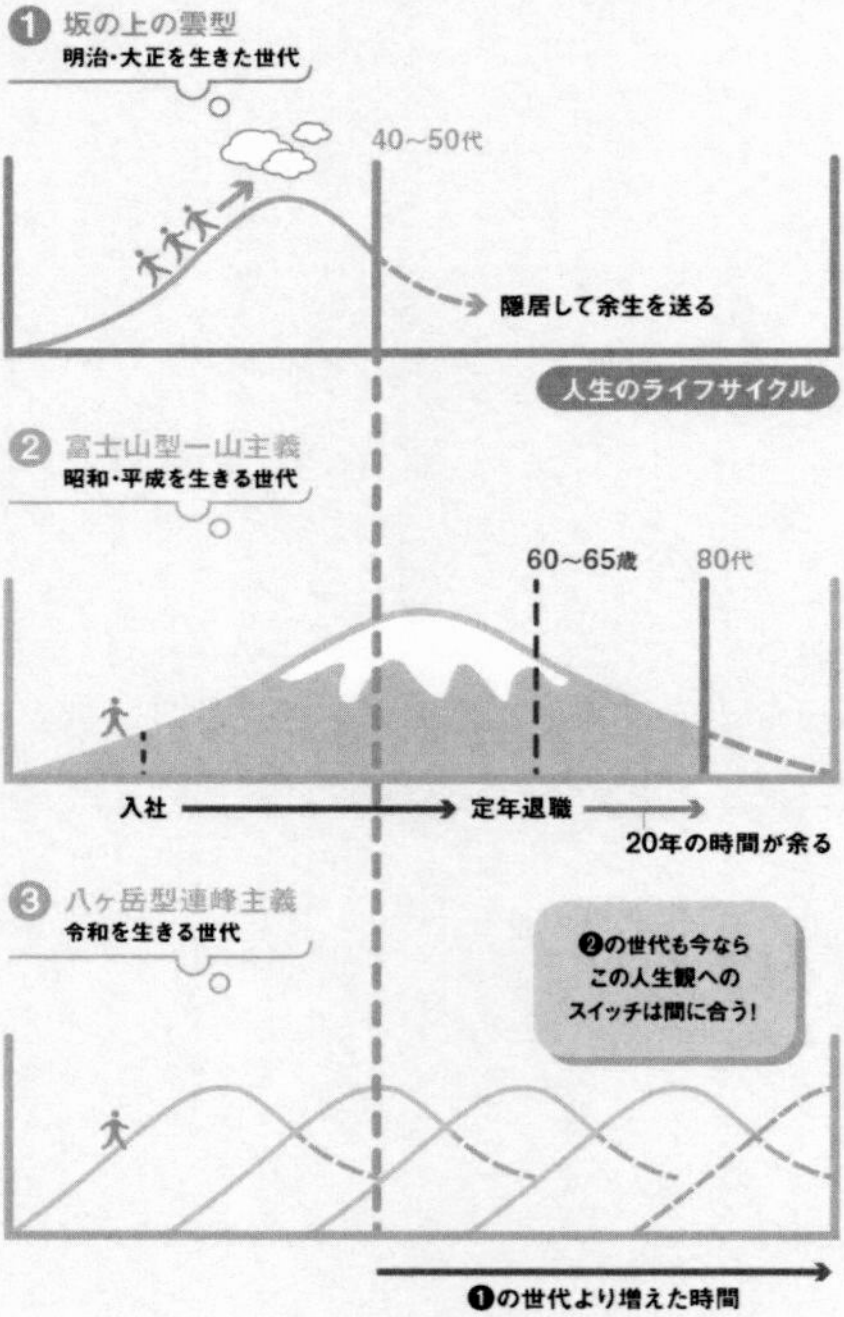

この100年で人生の長さが倍になった!!

次の山の裾野をつくる

八ヶ岳型連峰主義的な生き方をする際に重要になるのは、『ライフシフト』でいうところの変身資産を身に付けることである。著者は変身資産について、「人生の途中で変化と新しいステージへの移行を成功させる意思と能力のことである」と述べている。

1つ目の山を登り切って下り坂になったときに、次に登るべき山は、向こう側から勝手に現れてくるわけではない。山には当然裾野があり、その裾野は今メインとしている山（例えば今の会社の仕事）を登っている間に、自分自身の手でつくっておく必要がある。変身資産を駆使して今の人生のステージを生きながら、次のステージを準備することが求められるのだ。

もちろん裾野をつくっても、高く育つ山もあれば、期待どおりには育たない山もある。だからつねに複数の裾野づくりに手をつけておいたほうがよいだろう。

そして物になりそうな裾野を見つけたら、5年から10年をかけて、じっくりと大きな山へ育てていく。「1万時間の法則」といって、仕事にせよ勉学にせよ、ある1つの物事に熟達するためには1万時間はかかるという理論がある。その物事に1日3時間集中すれば約9年、6時間かければ約5年で1万時間に到達する。ずいぶん時間がかかるように思われるかもしれないが、人生は100年あるわけだから、50～60歳になってからでも、複数の山を育てていくことは十分に可能だ。

では、自分にとって大きな山となりえる裾野は、どのように見つけ、育てていけばいいのだろうか。いちばんの近道は、自分の興味・関心領域に近く、自分のことを受け入れてくれるであろう本業以外のコミュニティーに参加することだ。

それは何かのNPO活動かもしれないし、被災地支援活動かもしれない。活動を通じて、会社の名刺に頼らないネットワークが築けたらしめたものだ。それが今後の自分の人生で主軸になる可能性が出てくる。

ちなみに私は60歳になった頃から、東南アジアの最貧国であるラオスに学校を建設するというプロジェクトに参加している。子どもたちが貧困から抜け出すためには、教育環境を整えることが不可欠だからだ。するとこのプロジェクトに共鳴してくれた人たちの間でネットワークの輪が広がり、同時進行的に別のプロジェクトも立ち上げられていくという動きが起きている。私にとってラオスでのこの活動は、今大きな山の1つに育とうとしている。

また、学生時代に熱狂的な〝鉄ちゃん〟だったならば、もう一度自分で鉄道コミュニティーを立ち上げてみるのもいいだろう。「たかが趣味じゃないか」と侮ってはいけない。最近の鉄道マニアは細分化が著しい。1万時間をかけて鉄道研究のある部分を究めていけば、やがてその分野の第一人者として認められ、本を出版したり、大学に講師として呼ばれたりといったことも夢ではないはずだ。

「るつぼ」に身を置く

『ライフシフト』では、「高温で金属を溶かして新しい物質を生成する『るつぼ』」のような場所に自らの身を置く経験が、変身資産の形成を促進すると述べられている。「るつぼ」に身を置く経験としては、例えば転職や移住が挙げられる。

転職といっても、同業他社に移るというのでは、大きな変化は得られない。私は40代後半のときに、リクルートを辞めて公立中学校の校長に就任した。こうしたまったく異なる組織文化に身を移す経験を一度でもすれば、その後も新たなことに挑戦し、自分を変えていくことが、躊躇なくできるようになる。

同様に移住についても、都心から郊外に引っ越すというのでは不十分だ。例えば、東北や九州の漁師町やアジアのどこかの国に移住するといった思い切った経験が、変身資産を形成する契機となる。

もちろんそこまで大胆な選択はできないという人も多いだろう。しかし私は少なくとも、会社以外のコミュニティーに身を投じる経験は、できるだけ早いうちにしておいてほしいと思う。

平均寿命が100年に達する時代には、年齢の捉え方も昔とはまったく異なってくる。50代や60代で「自分の人生も一丁上がり」なんて考えるのは大いなる勘違い。60歳でやっと成人だというぐらいでいい。どんどん失敗し、恥をかきながら、次に登るべき山を見つけ出していってほしい。

藤原和博（ふじはら・かずひろ）
教育改革実践家。1955年生まれ。2003~08年に杉並区立和田中学校、16~18年に奈良市立一条高等学校の校長を務めた。ユーチューバーとして「朝礼だけの学校」を配信。

100年時代の制度設計を

学習院大学　特別客員教授・櫨　浩一

『ライフシフト』の「1」と「2」が描く人生100年時代には、今よりもっと高齢になっても人々が働けるようにすることが不可欠だ。この点では日本社会はかなり進展した。定年の60歳以上への引き上げは2003年にはほぼ完了していたが、その後さらに引き上げが進み、2017年には定年を65歳以上としている企業は17.8%に達している（厚生労働省「就労条件総合調査」）。

女性は就業意識の多様さや非正規での就業が多いなどの理由でトレンドがはっきり見えにくいが、男性では高齢者の就業率の高まりが明確に読み取れる。年齢にかかわらず働ける農業や自営業から被雇用へのシフトがあるため、年齢別の就業率は60～

64歳では低下傾向が続いてきた。

だが2000年ごろに反転し、20年には1970年ごろを上回る水準になった。年金支給開始年齢引き上げの直接的影響がないはずの、65〜69歳の年齢層でも就業率が高まっており、17年ごろからは70歳以上でも上昇傾向となっている。

平均寿命の延びは年金や介護など社会保障制度の収支悪化の大きな原因になる。いずれ年金支給開始年齢を65歳からさらに引き上げることになるはずだ。

『ライフシフト』では、教育・仕事・引退という3ステージからマルチステージへのモデル転換が不可欠だと、一貫して述べられている。日本は仕事の期間は長くなったが、相変わらず3ステージのままで、仕事を中断して学び直すといった、柔軟なライフコースは依然として簡単には選択できない。

「2」では、高年齢の人々は給与水準よりは柔軟な働き方を求めているという米国での調査結果が紹介されている。65歳以上の人たちが働き続けるためには、定年延長という方法だけではなく、隔日出勤や半日だけ働くなど多様な働き方の選択肢を提供することも必要になるだろう。

コロナ禍のために、日本でも在宅勤務が広がったが、感染が落ち着くとかなりの職場では出勤体制は元に戻ってしまったもようだ。高齢者には、体調などに応じて在宅と出社を自由に選択できる柔軟な制度への変更も必要だろう。

2人世帯の前提をなくせ

さらに「2」に、高齢者を家族が世話するという仕組みが維持できなくなり、「社会的発明」が必要になるという指摘がある。日本では一人暮らしや老人ホーム入居の高齢者が大幅に増加し、家族を単位としたこれまでの制度は変革を迫られるだろう。

国立社会保障・人口問題研究所の将来推計によれば、一人暮らしの高齢者は2020年の700万人から40年には900万人近くに増加し、このほかに施設にいる高齢者が250万人から450万人に増加すると見込まれる。

夫婦の年齢差や女性の平均寿命の長さから、連れ合いと死別するケースは女性のほうが圧倒的に多く、40年の一人暮らしの高齢者は6割、施設で暮らす高齢者は4分の3が女性と予測されている。

50歳時の未婚割合は生涯未婚率と呼ばれるが、男性のほうが女性よりも高い。男性の生涯未婚率は40年にはさらに上昇して30%程度に達すると予測されている。欧米のように同性カップルが増える可能性もあり、家族や世帯の姿は多様化していく。多くの人が結婚して家庭を形成するという生涯モデルに基づく諸制度は、変革を迫られるだろう。

年金制度については相変わらず夫婦2人世帯の年金額の議論が中心だ。しかし一人暮らしの増加や家庭・世帯の変貌によって、夫婦世帯を中心としたものから個人を中心としたものに変えていかざるをえなくなるだろう。

社会的発明が切実に必要なものとして、老後資金の確保も指摘されている。多くの人にとって老後の生活保障は大きな問題だ。19年に金融庁の研究会が発表した報告書がきっかけとなって、老後資金としては2000万円が必要というのは半ば常識化した。

報告書の試算は、無職の高齢夫婦世帯(夫65歳以上・妻60歳以上の世帯)が17年には毎月平均で5万4419円の貯蓄取り崩しを行っていた（収支差がマイナスとなっていた）ことを基礎に、30年間同額の貯蓄取り崩しを続けるとして必要貯蓄額を導き出している。

世間の関心はこれだけ貯蓄できるかどうかに集まったが、その後の家計調査の数字を見てみると、赤字額（貯蓄取崩額）は急速に縮小し、20年には特別定額給付金が支給されたこともあって月額1541円になった。

① 2010年代以降、男性高齢者の就業率は上昇
―男性就業率の推移―

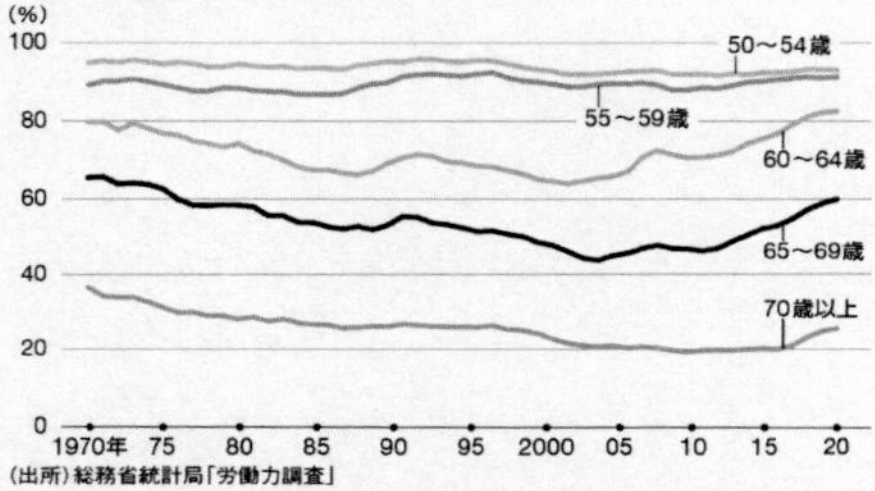

(出所)総務省統計局「労働力調査」

② 一人暮らしは今後急増へ ―一人暮らしと施設入居者の推移―

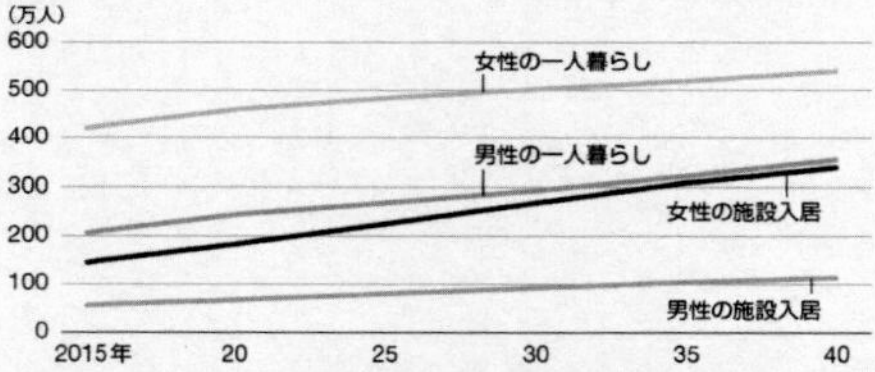

(出所)国立社会保障・人口問題研究所「日本の世帯数の将来推計(全国推計)2018年推計」

③ 退職者夫婦の家計は2020年は収支トントンに
―無職高齢夫婦世帯(夫65歳以上・妻60歳以上)の毎月の収支差―

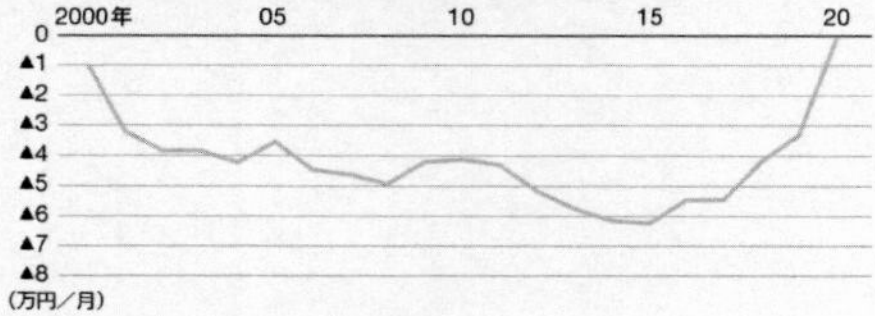

(注)▲はマイナス (出所)総務省統計局「家計調査」

これを基礎にすればずっと少額で済むことになるのだが、老後生活は不確実性が大きいので、資金がいくらあれば十分なのか正確に計算するのは不可能だ。

金融庁の研究会の試算では物価上昇が考慮されていない。近年のような超安定状態が続けば問題はないが、物価上昇による目減りが大きければはるかに多くの資金が必要になる。また家計調査の貯蓄取崩額は平均値なので、各家庭はもっと多くの資金を用意しないと危険だという問題もある。

ずっと健康でいられれば、貯蓄取り崩しの必要性は平均より小さい。実際に多くの人は人生の最後にかなりの資産を残しており、老後生活のために用意した資金の多くは必要なかったという結果となっている。

一方、長期にわたって介護が必要になるケースでは平均よりも多くの取り崩しが発生する。低料金の特別養護老人ホームに入居できず、民間の有料老人ホームに入居する場合には、入居金に加えて月額利用料と年金との差額を賄う資金が必要で、最悪の事態への備えとしては2000万円あっても不安だ。

長寿に対応した保険を

人生100年時代には、老後資金の取り崩しで生きる期間が現在よりも長くなる。老後を安心して迎えるために、誰もがより多くの資金を貯蓄しようとすれば、家計消費が落ち込んで日本経済は今より低迷の度を高めてしまう。同時に多額の資金が使われずに残り、遺産として相続されることになる。

同書の著者らが求めている社会的発明は、個人が自己責任で老後資金を確保する手法でないのは明らかだ。資金確保と同時に経済全体で必要とされる貯蓄額を抑制するべきであり、長生きや介護のリスクをプールする公的・私的な保険が求められるだろう。

櫨　浩一（はじ・こういち）
1955年生まれ。元ニッセイ基礎研究所専務理事。著書に『日本経済が何をやってもダメな本当の理由』『日本経済の呪縛　日本を惑わす金融資産という幻想』など。

今年こそ「マネーシフト」を

ライフシフトを可能にするマネー計画

フィナンシャルプランナー・山崎俊輔

ライフシフトを見据え、人生のマネープランはどうしたらよいのか。そこで考えるべきは「マネーシフト」だ。今まで私たちは「お金に追われ続ける」人生を送ってきた。大量消費社会を前提に車や衣服にお金をかけ、さらには住宅ローン（分不相応な高額物件を購入し返済に苦しむ）や子どもの教育ローンにも追われ続ける。

65歳まで継続雇用で働くのも、働きたいという以上に「働かないと食っていけない」という切実な理由があった。年金受給開始年齢まで働くしかなかったのだ。ライフシフトの時代にはこのお金の流れも「シフト」させる必要がある。

Z世代が目指す「マネーシフト」

今までの世代	目の前のやり繰りに追われる毎日（消費者金融、カードローン）	住宅ローンや子の教育ローンの返済に追われる人生	定年＝公的年金受給開始＝老後まで辞めたくても辞められない	一生、「お金に追われ続ける」人生
FIRE世代	目の前の家計のやり繰りは黒字が前提、貯蓄生活は当然の日々	近い未来、そしてリタイアを見据えた計画的な資金準備と借り入れ、返済	定年にこだわらずリタイア年齢を自由に決める時代へ	お金に縛られず「幸せややりたいこと」を追求する人生

若い世代はこうしたお金の流れにすでに疑問を持ち始めている。

Z世代（おおむね25歳以下）は消費欲がない世代と揶揄されるが、これは堅実なプラス家計を若いうちから実現しているということでもある。今や20歳代の単身者は平均18％の貯蓄率を実現している。最小限度の所有で生活をするミニマリストは、年収の半分以上を貯蓄していることすらある。

結婚後も住宅購入や教育資金準備を計画的に行い、「老後に不足する2000万円」を意識し、若いときから資産形成に着手するマインドセットが整い始めた。老後にしか受け取れないiDeCo（個人型確定拠出年金）の口座開設者は20歳代で急増しているのがその証しだ。

長寿社会の到来に伴う人生の変化だけがライフシフトではない。いつまで、どう働くかを自分が決める、つまりお金の問題からより早く自由になることもまた、ライフシフト時代のマネープラン＝マネーシフトなのだ。

マネーシフトというお金の価値観の転換を象徴するのは、FIREだ。経済的自由を確立して早期リタイアを目指す生き方を指す。Z世代を含む20～50歳代でFI

REを意識するFIRE世代が登場している。

これを実現しようとすれば、大量消費に溺れず若い頃から貯蓄や投資に資金を回す必要がある。キャリア形成においても油断なく挑戦をし、能力に見合う年収を獲得し続ける必要がある。そして無理のない住宅購入と早期のローン返済を実現することが欠かせない。さらに、リタイアしても構わないほどの資産形成を、投資を通じて行うことが求められる。

FIREのための資産形成は、時に学び直しをする軍資金の確保にもなる。今までの世代が転職へのチャレンジやリカレント教育に及び腰であったのは、学び直しに無関心であったからではない。仕事を中断し新たな知識を学ぼうとしても、「ローンがあるから」という理由で諦めてきたからだ。

それではいくら貯めれば早期リタイアや経済的安心につながるか、試算をしてみよう。

4000万円貯蓄が可能

次表は退職時期の異なる3つのモデル（45歳・55歳・60歳で引退）を示している。引退後は年400万円を取り崩し、運用益は年2・5％を確保、65歳時点で「老後に3000万円」を残して年金生活に入る計画だ。

海外のFIRE本では1億円確保が目標とされるが、引退時期によっては準備額はそれほど必要としないことがわかる。社会保障制度などを考えると日本人にお勧めしたいのは、4500万円を確保しての標準（65歳での引退を想定）より5歳早いリタイア、もしくは6000万円を確保しての50歳代半ばでのリタイアだ。

準備目標額が見えてきたら、どんな制度を活用すればいいか考えてみよう。ここでは年4％の運用成績を確保したという想定で、①iDeCo、②つみたてNISA（少額投資非課税制度）、③一般NISAを満額利用したらどれくらい貯められるかを、「10年、20年、30年」で表にしている。

X歳でリタイアしたいなら、いくら必要か

45歳FIRE	約8000万円	65歳時点 約3000万円の資産で年金生活へ移行する
55歳FIRE	約6000万円	
60歳FIRE	約4500万円	

※取り崩しは年400万円、運用利回りは年2.5%とする

10年、20年、30年でいくら貯められる

	10年	20年	30年
iDeCo (月1万2000円)	174.2万円	433.9万円	821.0万円
iDeCo (月2万3000円)	336.3万円	837.3万円	1584.4万円
つみたてNISA (月3万3333円)	490.8万円	1222.6万円	2313.5万円
一般NISA (月10万円)	1472.5万円	3667.7万円	6940.5万円

※運用利回りは年4.0%、iDeCoは月171円の手数料を控除、NISAは現行制度が将来も継続するとして試算

あなたの世帯はいくらになるか記入してみよ

夫iDeCo (　　)万円 ＋ 妻iDeCo (　　)万円 ＋ 夫NISA (　　)万円 ＋ 妻NISA (　　)万円

＋ 退職金額(2人分) (　　)万円 ＝ 資産額合計 (　　)万円

税制優遇のある制度は優先的に活用したほうがいい。とくにｉＤｅＣｏは所得税や住民税の軽減効果があり、満額積み立ては大前提だ（職業や企業年金によって満額は異なる）。さらに、ｉＤｅＣｏとＮＩＳＡは運用益が非課税なので、この２つのフル活用を考えるのが資産形成においては大事だ。

自分の年齢からゴールまでの期間での積立額がわかったら、夫婦でｉＤｅＣｏ、ＮＩＳＡをフル活用すればどれくらい貯まるかを合計してみる。そこに退職金額を上乗せした額が、皆さんのリタイア資金ということになる。

例えばアラフォー世代の夫婦が、ｉＤｅＣｏとＮＩＳＡで満額２０年積み立てれば４０００万円に手が届く。２人の退職金を乗せれば5年の早期リタイアは現実のものとなる。

運用については国内外に分散投資を行うバランス型ファンド1本で十分だ。短期的な市場の下落に焦らず長期積み立て投資を継続することで年４％以上の収益確保が可能となることは、過去のデータが示している。

マネーシフトを実行すれば、お金に支配される人生から脱却し、人生の主導権を取り戻すことができる。しかしそのために必要なのは行動だ。今年はｉＤｅＣｏとＮＩＳＡの口座を開設しよう。長期積み立て分散投資の継続が、あなたの未来を豊かにするはずだ。

山崎俊輔（やまさき・しゅんすけ）

１９７２年生まれ。年金と資産運用が専門で、１０以上の媒体に連載を持つ人気ＦＰ。近著に『普通の会社員でもできる　日本版ＦＩＲＥ超入門』。

「人生のリスク」対処法

人生100年時代においては、メンタルの不調や親の介護、夫婦の不仲、家族や親族の死、勤務先の倒産など、さまざまな予期せぬ出来事に遭遇する可能性がより増大する。これらのリスクにうまく対応できないと、納得のいくライフシフトの実現は困難になる。

まずメンタルヘルスについてだ。『ライフシフト2』にも、今後は「人々が生涯で経験する移行の回数が増え」るが、「容易に移行できることはめったになく、ほとんどの人は最初のうち強い不安を感じる」という記述がある。この不安とどう向き合えばいいのか。

筑波大学人間系教授の岡田昌毅氏（心理学）は、自身の経験を踏まえて、「人は新しい世界に足を踏み入れたときには、自分の力量不足に愕然とさせられるもの」と語る。

岡田氏はメーカーのエンジニアから人材育成担当者、大学教員へと、いわば次々と移行を遂げていったライフシフトの体現者。そんな中でとくに大学教員になったときに、「研究面でも教育面でも経験豊富な同僚の教員と比べて新参者である自分は、どんなに頑張っても今から彼らに追いつくことはできない」と打ちのめされたという。

「こうした場面で重要になるのは、過去の自身の経験を棚卸しして、自分ならではの強みを見つけ出すこと。私の例でいえば、企業組織の中で人材育成に携わってきたという経験は、ほかの教員が持っていない強みであり、これを生かすしかないと考えた」（岡田氏）

もし新しいステージにおいても武器となりうる「自分ならではの強み」を見つけ出せないままだと、自己効力感や自己肯定感が減退し、何をやっても自信のない人生を歩むことになりかねない。そのため、これからの時代は内省によって自身の能力、経験、価値観などを把握する力がより重要になってくると岡田氏は指摘する。

「内省する力が弱い人は、キャリアコンサルタントなど専門家の力を借りるのもオススメ。悩んだときに専門家に相談するという習慣が日本人には根付いていない。後悔のない人生を送りたいなら積極的に活用すべきだ」（岡田氏）

また人生の中では、「配偶者の死」をはじめとしたさまざまな強いストレスにさらされ、心に大きな痛手を負うことがある。こうした場面でも、精神科医や臨床心理士といった心の専門家の支援をためらわずに得るべきだと、岡田氏は助言する。

人生にはさまざまなストレス要因がある
—勤労者のストレス点数ランキング—

順位	ストレッサー（ストレスを与えるもの）	点数	順位	ストレッサー（ストレスを与えるもの）	点数
1	配偶者の死	83	11	転職	61
2	会社の倒産	74	12	単身赴任	60
3	親族の死	73	13	左遷	60
4	離婚	72	14	家族の健康や行動の大きな変化	59
5	夫婦の別居	67	15	会社の立て直し	59
6	会社を変わる	64	16	友人の死	59
7	自分の病気やケガ	62	17	会社が吸収合併される	59
8	多忙による心身の過労	62	18	収入の減少	58
9	300万円以上の借金	61	19	人事異動	58
10	仕事上のミス	61	20	労働条件の大きな変化	55

（注）日本人1630人を対象に調査
（出所）夏目誠・日本産業ストレス学会元理事長の論文を基に東洋経済作成

介護経験を無形資産に

では、社会的にも大きなテーマとなっている親の介護の問題については、どのように向き合うべきか。

企業向けメンタルヘルス対策支援事業を展開するウェルリンクで「介護とこころの相談室」を立ち上げ、相談業務に携わっている飯野三紀子氏は、「自分のライフステージの中に、親の介護をする時期が必ず入ってくるものだと考え、準備をしておくべき」だと語る。

準備とは、親が元気なうちに介護についての話し合いの場を設けることだ。実は親の側も、自分は将来どんな介護を望むかについて、深く考えていない場合が多い。そこで、会話を重ねる中で親の希望をしだいに明確にしていく。

同時に子どもの側も、介護によって自身の人生を犠牲にしないことを前提に、「自分は親に対して何がどこまでできるか」を親に伝えることが大切。また利用できる介護サービスについての情報を、事前に収集しておくことも重要だ。

「仕事でも関係者間でお互いの希望や意見を出し合い、現実的な妥結点を見つけるという作業を行っているはず。介護についての話し合いもそれと同じ。親との間で合意ができていれば、実際に親を看取ったときにも、『自分にできることはやったな』という後悔のない介護に結び付く」(飯野氏)

仕事と介護の両立を諦め介護離職をする人が、毎年約10万人発生している。飯野氏によれば、その中には介護に関する準備ができていなかったために、親が突然要介護になったときにパニック状態に陥り、「とにかく今は自分が親を支えなければ」という思いから離職を選ぶ例も多いという。

だが介護のために仕事を辞めると、精神面・肉体面・経済面の負担が増すという調査結果がある。「とくに精神面に及ぼす影響は重大で、ずっと家の中で介護を続けているうちにうつっぽくなる人も多い」(飯野氏)。また一度離職してしまうと、以前と同じ条件での社会復帰は困難となる。介護離職はできる限り避けるべきだ。そのためにも、いざというときに向けた準備がカギとなる。

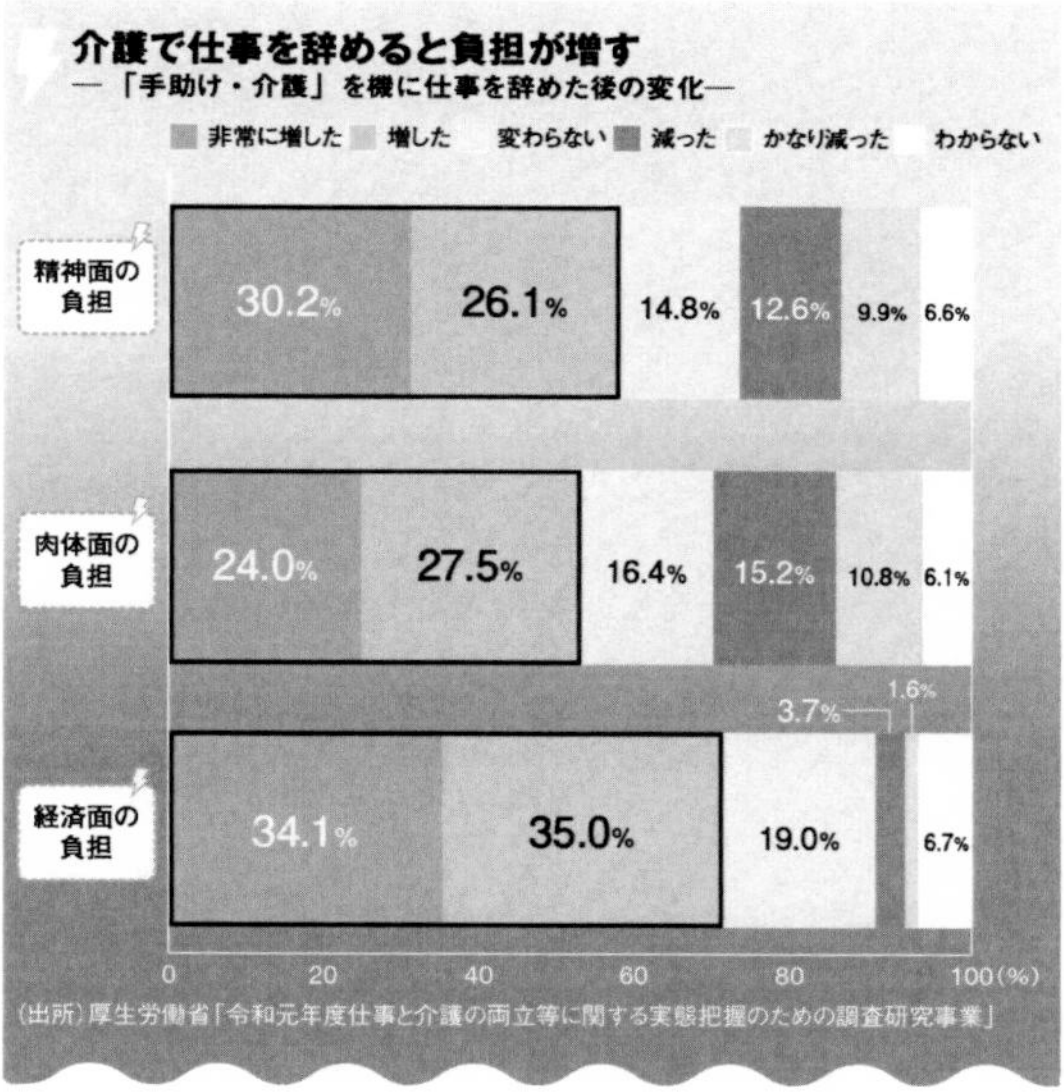
介護で仕事を辞めると負担が増す
―「手助け・介護」を機に仕事を辞めた後の変化―
非常に増した
増した
変わらない
減った
かなり減った
わからない
精神面の負担
30.2%
26.1%
14.8%
12.6%
9.9%
6.6%
肉体面の負担
24.0%
27.5%
16.4%
15.2%
10.8%
6.1%
経済面の負担
34.1%
35.0%
19.0%
3.7%
1.6%
6.7%
0
20
40
60
80
100(%)
(出所)厚生労働省「令和元年度仕事と介護の両立等に関する実態把握のための調査研究事業」

飯野氏は、取り組み方次第で、介護の経験がライフシフトの阻害要因になるのではなく、むしろライフシフトを支える無形資産になりうると話す。「誰しも生きていれば、困難に直面することがある。そこから気づきや学びを得られれば、その後の人生が豊かになる。介護の経験は仕事にも必ずプラスにできる」（飯野氏）。

前向きな離婚や別居婚

最後に「夫婦」というリスク要因についても取り上げたい。ライフシフトを実現していくうえでは、パートナーの理解と協力が不可欠になる。だが、現実には互いの思いがすれ違うケースが少なくない。

夫婦問題研究家の岡野あつこ氏は、「パートナーの考え方や価値観は、時間が経てば変わっていくのが当たり前。もし結婚時と変化がないのなら、それは相手がよほど成長していない証拠」だと語る。そこで重要になるのが、「これから自分はどんな生き方をしたいか」について、折に触れ話し合う機会を意識的に設定すること。お互いの考えが理解できれば、そのぶん歩み寄りも可能になる。

では話し合った結果、調整が不可能なほどに価値観が違うことがわかった場合はどうするか。岡野氏は「前向きな離婚や、籍は残したまま別々に暮らす別居婚という選択肢もある」と話す。

「30年間連れ添ってきた夫婦でも、人生100年時代には、さらに30年以上の時間がまだ残されている。価値観がずれたまま夫婦の関係を続けることは、お互いのライフシフトの実現を妨げることにしかならない」（岡野氏）

互いに価値観を尊重し、応援するためにも、あえて離婚や別居婚を選ぶ道もあるわけだ。これからの時代は、夫婦のあり方も多様になるといえそうだ。

（ライター・長谷川　敦）

「100年時代に必須の行動戦略　長寿時代は変化で乗り越えろ」

英ロンドン・ビジネススクール経営学教授　リンダ・グラットン

『ライフシフト』の著者であり、世界有数のビジネス思想家でもある英ロンドン・ビジネススクールのリンダ・グラットン教授。人生100年時代を迎え、長い人生にどう備えればよいのか。同教授は、企業を中心とした社会の変革と個人の積極的な行動が重要と説く。

【発言の要点】
・新型コロナで新しい挑戦が可能に
・個人は「可能な自己」を探り備えよ

・企業は70代でも働ける環境整備を

――なぜ『ライフシフト2』を書こうと思ったのでしょうか。

「1」では、100歳まで生きることがどのような意味を持つのかを描いた。しかし、人々がどのように対応すべきかについて、もっと多くのことを語らなければならないと考えた。

長い人生に備えるために個人がどのような行動を起こすべきか、また個人が長く生産的で健康な生活を送るために各組織がどうすべきかを論じたいと考えた。そこで「2」では、政府は何をすべきか、企業と経営陣はどのような変化を起こすべきか、学校や大学といった教育機関はどう適応すべきか、について提言した。

著者として今回の『ライフシフト2』で最も伝えたかったことは、人生100年時代を生きるための新しい行動戦略だ。

1つ目は、「1」で示した「マルチステージ」だ。多くのステージを予期し、さらに新しいステージを出現させるというものだ。この考え方は人生の柔軟性について考えるうえで重要だ。

2つ目は、「年齢を自由に操れる」だ。生まれてからという生物的な年齢ではなく、選択し決断しという行動や思考こそが、年齢を決める要因となる。

3つ目は、人々や社会が直面する制度的な課題への対処法だ。その中には、マインドセットや固定観念も含まれる。例えば、60歳以上の人は働けない、社会で重要な役割を果たせない、新しい技術を習得できない、起業できないといった思い込みだ。また、高齢者が生産性を維持できるよう再教育の機会を確保すること、長く幸せな人生を送るために人とのつながりを保てるよう支援することも社会の重要な課題だ。

パンデミックも後押し

高等教育を受けた多くの日本人にとって、これまでのよい人生とは、よい大学に進み一流企業に入ることだった。だが、このような決まったレールは人生100年時代には当てはまらない。

今回の新型コロナウイルスも、人生や働き方を見直すきっかけとなっている。パンデミック以前、社員は長時間通勤し、職場で何時間も働いてから家に帰るというのが当たり前だった。そのため、新しいことに挑戦したり、健康を維持したり、家族や友人と強い絆を築いたりという時間がほとんどなかった。

しかし、今回のパンデミックで多くの人が自宅で仕事をするようになると、たとえ自宅で仕事をしても社員が生産的になれると一部の経営者は理解した。そのような経営者の間では、より柔軟な働き方を試みる動きも出ている。このような企業変革は非常によいニュースだ。人々がマルチステージの人生を構築し70代まで働くために不可欠な、働き方の柔軟性を生み出すからだ。日本企業がさらに変わり、社員が70代まで（あるいは80代まで）働けるよう支援することを期待している。

――社会の変化に対応するには、個人としてどのように動けばよいのでしょうか。

「ありうる自己像」という考え方を挙げたい。「ありうる自己像」とは、自分がどうなりたいかを想像し、何が可能かについてより創造的かつ実験的になれるよう、新たな人生に思考を巡らすきっかけとなるものだ。

例えば、自分がなりたい姿に近い人たちと一緒に過ごしてみてはどうだろうか。彼らは新しい働き方や生き方のロールモデルとなる人たちだ。自らの中に、起業家として「ありうる自己像」が存在するかもしれない。その場合、起業家とのネットワークをつくり、彼らがどのように時間を過ごし、どのような動機で行動しているのかを理解することに意味がある。そうすることが、変化に向けたヒントを多くもたらしてくれる。

長生きのための計画を立てることも勧めたい。50代に入ったらすぐに、いや、もっと早くから、どうすれば年を取っても生産的なキャリアを送れるかを考えるべきだ。そうすれば、ネットワークを広げ、新しいことに挑戦し、80、90代にどのような人生を送りたいかを考え始めるきっかけになる。

日本人に欠ける変身資産

――世界で最も長寿な国である日本は、人生100年時代に向けた困難を乗り越えられるでしょうか。

「1」では、人生100年時代において「生産性資産」「活力資産」という無形資産がいかに重要かを説いた。人生100年時代に備えるうえで、多くの日本人は幸せな立場にある。健康で家族や友人とのつながりもある。しかし、多くの日本人にとって最も重要なのは、無形資産の3つ目である「変身資産」だ。

「変身資産」では、自己認識や「ありうる自己像」について考えること、自分がどうあるべきかを想像することが重要だ。また、多様な種類の人々とつながりを持てば、ほかの人々の生き方からヒントを得られる。

日本人はほかのどの国の人々よりも長生きだ。だから世界は、日本の長生きのあり方、その変化に対応するための社会のあり方など、日本から人生100年時代のヒントを得ることを期待している。例えば高齢者を支えるような技術革新や、70代まで社員が働くことを企業がどう支援するかだ。

長生きするとはどういうことか、『ライフシフト』の2作を通じて前向きで明るいメッセージを届けたい。心理学者として、個人的な変化を起こすには、前向きな考え方がいかに重要かを把握している。

私たちは、怖くて自らを変えることがほとんどない。多くの場合、古い習慣や行動にいつの間にか戻ってしまう。しかし、日本の皆さんが長寿という課題に立ち向かい、長く生産的な生活を送るための機会を、『ライフシフト』の2冊を通してつくり出せると信じている。

（聞き手・林　哲矢）

リンダ・グラットン（Lynda Gratton）

人材論、組織論の世界的権威で、英タイムズ紙「世界のトップ15ビジネス思想家」などに選出。2018年に安倍晋三政権の「人生100年時代構想会議」のメンバーに任命された。

【週刊東洋経済】

本書は、東洋経済新報社『週刊東洋経済』2022年1月15日号より抜粋、加筆修正のうえ制作しています。この記事が完全収録された底本をはじめ、雑誌バックナンバーは小社ホームページからもお求めいただけます。

小社では、『週刊東洋経済eビジネス新書』シリーズをはじめ、このほかにも多数の電子書籍ラインナップをそろえております。ぜひストアにて「東洋経済」で検索してみてください。

『週刊東洋経済eビジネス新書』シリーズ

No.380　マルクス vs. ケインズ
No.381　医療テック最前線
No.382　漂流する東芝
No.383　不動産投資　光と影
No.384　コンサル全解明

No.385　大転換の商社ビジネス
No.386　会社とジェンダー
No.387　全解明　経済安全保障
No.388　ソニー　掛け算の経営
No.389　２０５０年の中国〔前編〕
No.390　２０５０年の中国〔後編〕
No.391　相続の新常識
No.392　無敵の文章術
No.393　物流　頂上決戦
No.394　すごいベンチャー２０２１〔前編〕
No.395　すごいベンチャー２０２１〔後編〕
No.396　米国株　超入門
No.397　ビジネスと人権
No.398　無敵の話し方

週刊東洋経済eビジネス新書　No.410
ライフシフト超入門

【本誌（底本）】
編集局　長谷川　隆、林　哲矢
デザイン　杉山未記、伊藤佳奈、熊谷直美
進行管理　三隅多香子
発行日　2022年1月15日

【電子版】
編集制作　塚田由紀夫、長谷川　隆
デザイン　大村善久
制作協力　丸井工文社
発行日　2022年11月10日　Ver.1

発行所　〒103-8345
東京都中央区日本橋本石町1-2-1
東洋経済新報社
電話　東洋経済カスタマーセンター
03（6386）1040
https://toyokeizai.net/
発行人　駒橋憲一

電子書籍化に際しては、仕様上の都合などにより適宜編集を加えています。登場人物に関する情報、価格、為替レートなどは、特に記載のない限り底本編集当時のものです。一部の漢字を簡易慣用字体やかなで表記している場合があります。本書は縦書きでレイアウトしています。ご覧になる機種により表示に差が生じることがあります。

※本刊行物は、電子書籍版に基づいてプリントオンデマンド版として作成されたものです。